COLLÈGE DE JUILLY

ACADÉMIE MALEBRANCHE

SÉANCE DE CLOTURE

ET

INAUGURATION DU BUSTE DE MALEBRANCHE

LE DIMANCHE 10 JUILLET 1887

PARIS

IMPRIMERIE D. DUMOULIN ET Cie

5, RUE DES GRANDS-AUGUSTINS, 5

1887

COLLÈGE DE JUILLY

ACADÉMIE MALEBRANCHE

COLLÈGE DE JUILLY

ACADÉMIE MALEBRANCHE

SÉANCE DE CLOTURE

ET

INAUGURATION DU BUSTE DE MALEBRANCHE

LE DIMANCHE 10 JUILLET 1887

PARIS

IMPRIMERIE D. DUMOULIN ET Cᵗᵉ

5, RUE DES GRANDS-AUGUSTINS, 5

1887

DISCOURS PRONONCÉS

A

L'ACADÉMIE MALEBRANCHE

I

DISCOURS DE M. NOURRISSON

MEMBRE DE L'INSTITUT

MESSIEURS,

Vous vivez au milieu d'illustres souvenirs. Pour
ma part, je ne puis m'empêcher de me sentir presque
ébloui en même temps que profondément touché,
quand je considère comment au passé se relie le
présent de cette célèbre Maison.

Dans le passé, toute une longue succession de
doctes et pieux personnages, succession créée en
quelque sorte par ce saint et patriote cardinal de
Bérulle qu'on vit dans les affaires de l'État contre-
peser heureusement l'influence de Richelieu, et qui
après avoir introduit le Carmel en France, y établis-
sait l'Oratoire et suscitait Descartes, lequel déclarait
lui être après Dieu redevable de ses desseins[1]; puis,
formés sous la douce et forte discipline de ces maî-

---

1. *Vie de M. Descartes* par Baillet.

tres, tant d'hommes qui ont honoré notre pays par leur génie, un Montesquieu ! leur éloquence, un Berryer ! leurs héroïques exploits, un Berwick, un Villars ! et aussi par ces vertus qui, pour demeurer plus modestes, n'en sont pas moins le sel de la terre ; enfin, des solennités telles que celle qui aujourd'hui nous rassemble, présidées par qui ? Messieurs, — et pour celui qui porte en ce moment la parole quelle indicible confusion ! — des séances présidées par un Bossuet !

Dans le présent, l'Oratoire rajeuni et fier de renouer la chaîne d'or des traditions ; ses professeurs rivalisant de zèle au service de leur Ordre restauré et qu'entourent dès maintenant d'une auréole brillante les noms d'un Gratry, d'un Valroger, d'un Perreyve, — car leur modestie évangélique m'interdit de citer, ainsi qu'il conviendrait et m'agréerait, les vivants, — et le religieux vénérable en qui Olier ou Condren eût reconnu un prêtre de sa race[1], et cet éminent prélat que les Lettres ont voulu comme reprendre à l'Église après le lui avoir cédé[2], et l'un de mes plus vieux amis, le sympathique historien de Thomassin[3], et vous notamment, Monsieur le Supérieur, dont ceux qui habitent Juilly savent seuls tout ce que Juilly vous doit[4], — vous-mêmes, Messieurs les Académiciens, qui, par des travaux justement applaudis et par votre

1. Le R. P. Petetot.
2. Mgr Perraud, évêque d'Autun.
3. Le R. P. Lescœur.
4. Le R. P. Olivier.

haute culture, vous montrez les dignes émules de vos devanciers.

Oui, dans le présent comme dans le passé, le spectacle qu'offre Juilly est bien fait pour émouvoir et resplendit assurément d'un incomparable éclat.

Cependant, Messieurs, de tous les souvenirs dont l'Oratoire a droit de s'enorgueillir, il n'en est peut-être pas de plus pur, de plus attachant, j'ajouterai de plus populaire, ou qui plus soudainement s'empare de l'imagination, que celui du penseur de la *Recherche de la Vérité*. Mais nulle part, sans doute, cette noble figure n'apparaît d'une manière plus saisissante qu'à Juilly. Cette antique demeure, ce vallon, ces eaux, ces arbres séculaires, ici, en effet, tout rappelle Malebranche. S'il m'est permis d'employer, à propos d'un si parfait chrétien, une expression toute païenne, il semble que réellement il soit le génie du lieu, *genius loci*.

Aussi bien, ce furent des Augustins que les cénobites qu'on atteste avoir, il y a plus de sept cents ans, occupé, les premiers, d'une manière durable, le sol de Juilly, et de même que dans saint Augustin revit Platon, qui, du propre aveu de l'évêque d'Hippone, lui fut, pour parvenir à la foi, une lumière, n'est-ce pas dans Malebranche en particulier, beaucoup mieux que dans un Jansénius ou un Saint-Cyran, qu'au dix-septième siècle, revit lui-même saint Augustin ? C'est pourquoi, Messieurs, votre inspiration a été des plus heureuses, lorsque vous

avez songé à élever ici même un buste à ce spécu-
latif sublime. Paris lui-même, Paris n'a-t-il pas
tenu à ce qu'une statue de Malebranche prît place
à l'Hôtel de Ville, parmi celles de ses plus glorieux
enfants ?

Ce n'est pas, Messieurs, que vous eussiez attendu
jusqu'à l'heure présente pour rendre à ce grand
homme les hommages que commande sa mémoire.
Déjà, dans des publications, que j'ai eu, à leur appa-
rition, la bonne fortune de signaler, l'un d'entre vous,
qui consacre à restituer vos annales une intelligente
autant qu'infatigable activité, le P. Ingold (il me par-
donnera de le nommer) a mis un soin filial à recueillir,
concernant Malebranche, des documents pleins d'intérêt. Il nous a donné, avec une Bibliographie de
Malebranche, le Testament de Malebranche. Surtout
nous possédons enfin intégralement publié, grâce à
lui, le texte authentique de cette *Vie de Malebranche*
par le P. André, que Victor Cousin avait passion-
nément mais vainement cherchée et réclamée. Le
P. Ingold ne devra s'en prendre qu'à lui-même si,
devenus exigeants, nous osons lui demander davan-
tage. Il a nourri quelques instants l'espoir de rendre
à l'Oratoire le corps de Malebranche comme il lui
avait rendu naguère la dépouille du P. de Condren.
A défaut de ces précieuses reliques, nous l'en con-
jurons, qu'il réunisse les écrits dispersés de Malebranche (cette entreprise laborieuse ne passe ni son
dévouement, ni son talent), et que prochainement
(ce sera un nouveau jour de fête), il vienne déposer

au-dessous de ce marbre qu'a su animer le ciseau d'un habile artiste[1]; qu'il vienne déposer au-dessous du buste de Malebranche ce qui, plus que le marbre ou le bronze, restera, en l'honneur de Malebranche, un monument impérissable : l'édition de ses œuvres, mais l'édition complète et définitive qu'avec une légitime impatience attend encore la philosophie !

A mon tour, Messieurs, que pourrais-je vous dire de Malebranche, que vous ne dussiez estimer superflu et fastidieux au prix de l'Éloge que vous allez entendre ?

Omne supervacuum pleno de pectore manat[2].

Fontenelle n'a parlé de Malebranche qu'avec finesse, sèchement et superficiellement. M. Ollé-Laprune en parlera avec l'élévation de pensées qui lui appartient ; il en parlera d'abondance de cœur et avec une pénétration de vues si sûrement acquise dans cet intime commerce avec Malebranche, qui a fait pour M. Ollé-Laprune, de Malebranche, son métaphysicien de prédilection, et pour Malebranche, de M. Ollé-Laprune, son commentateur et panégyriste désormais attitré.

Souffrez toutefois que je vous félicite d'avoir placé sous le patronage « du presque divin[3] » Malebranche l'Académie de Juilly.

Depuis qu'il y a des Académies, les envieux et les

---

1. M. Debrie.
2. Horatius, *Ars poetica*.
3. Expression de Buffon.

sots, qui sont, hélas! de tous les lieux et de tous les temps, ne cessent de diriger contre elles, Académies de collèges, Académies de provinces, Académies de l'Institut, les traits du reste inoffensifs de leurs banales railleries. A y regarder sérieusement et de près, les Académies, alors même qu'elles ne s'occupent ni de beaux-arts, ni d'érudition, ni de sciences mathématiques, physiques ou morales, les Académies n'en remplissent pas moins, au premier chef, un rôle civilisateur et national. Effectivement, n'ont-elles pas expressément pour objet de veiller à la conservation et au perfectionnement du langage, et, par la préservation du langage, à l'intégrité de la raison publique et à ses progrès? Or, si la clarté est la qualité caractéristique de notre langue, où trouver, je vous prie, une langue plus française que celle de Malebranche? « Voltaire, observait un penseur délicat, Voltaire est clair comme de l'eau, Bossuet est clair comme le vin[1]. » Telle est également la clarté substantielle de Malebranche. Mais sa langue si limpide n'est en même temps si pleine, que parce qu'il a sincèrement et fortement pensé ce qu'il a écrit. Il est excellemment le philosophe des idées. Bérulle, le mystique auteur du *Traité des Grandeurs de Jésus*, avait obtenu cette suprême louange que le pape Urbain VIII l'appelât « l'Apôtre du Verbe incarné ». A mon sens, Malebranche, «ce méditatif», «ce taciturne méditatif», comme disaient ses détracteurs, et qui

1. Joubert, *Pensées. Essais et Maximes.*

pourtant, à Chantilly, courbé sous les années et les lauriers, instruisait et charmait Condé ; à mon sens, Malebranche aurait mérité, de son côté, que son *Traité de Morale*, pour ne mentionner aucun autre de ses ouvrages, lui valût d'être dénommé « l'Apôtre du Verbe intérieur », de ce Verbe de la conscience qui nous dicte impérativement les actions du dehors et qui les juge, en nous rendant inséparables et inviolables les notions essentiellement humaines, mais que le christianisme a vivifiées, rectifiées et agrandies, du devoir, de Dieu, de la patrie.

Je salue donc avec respect, Messieurs, le buste que vous venez d'inaugurer ; je le salue non seulement comme un palladium de Juilly, mais encore comme le symbole de tout ce qui fonde nos obligations les plus sacrées et garantit nos espérances les plus chères.

II

DISCOURS DE M. OLLÉ-LAPRUNE

ÉLOGE DE MALEBRANCHE

« L'autre jour que j'étais couché à l'ombre, je m'avisai de remarquer la variété des herbes et des petits animaux que je trouvai sous mes yeux [1]. » Ainsi commence, Messieurs, une page charmante écrite il y a deux cents ans, et ici même, je le crois. Cette ombre, c'est celle d'un des grands arbres de ce parc. Cherchez un endroit bien calme, choisissez l'une de ces heures, — je cite, il sera facile de s'en apercevoir, — l'une de « ces heures où l'on ne peut pas s'appliquer à la lecture et aux autres choses que Dieu demande de nous [2] ». Et puis dites-vous que nous sommes, non pas en 1887, mais bien en 1687 : vous rencontrerez dans cette allée solitaire un penseur, on disait plutôt alors un *méditatif*, et j'aime le vieux mot : il a je ne sais quoi de modeste, de discret. et il marque bien l'attitude qui convient à l'homme devant la Vérité. Le méditatif par excellence, l'auteur de *la Recherche de la Vérité*, vient de former le dessein d'un nouvel ouvrage, et pour y travailler plus

1. *Entretiens sur la métaphysique et la religion*, X, 2.
2. Lettre de Malebranche, *Corresp. inéd.* publiée par M. l'abbé Blampignon à la suite de son *Étude* sur Malebranche. p. 21.

librement, il va se retirer à Raroy. C'est sa coutum
quand il veut écrire. En passant, il s'est arrêté à
Juilly. C'est sa coutume aussi [1]. Vous devinez bien
que toute la matinée il a prié et travaillé. « Travail
désolant. » C'est lui qui parle. « C'est se sacrifier,
c'est s'enterrer tout vivant, que d'écouter, mais sans
cesse, et sa raison et sa foi [2]. » Travail indispen-
sable, et qui procure de « solides joies ». « Pour
gagner la vie de l'esprit, il faut travailler de l'esprit.
Ceux qui ne peuvent se résoudre à gagner à la sueur
de leur front le pain de l'âme, n'en connaîtront jamais
la saveur [3]. » Mais il faut bien s'accorder quelque
relâche. Nous sommes en été, après le repas de midi :
notre philosophe se délasse. On a causé, et gaiement.
Il a même consenti à donner quelque échantillon de
ce qu'il aurait pu faire s'il avait voulu faire des
contes, et tout le monde se dit qu'ils auraient été
plus plaisants que la plupart de ceux qu'on a donnés
au public. Toutefois, la conversation ordinaire l'ennuie quand elle se prolonge, car il ne met que bien
peu d'intérêt aux nouvelles et aux sujets que l'on
traite. Au contraire, il ne s'ennuie jamais lorsqu'il est
seul [4]. Le voilà donc qui s'enfonce dans le parc. Il a

1. *Vie du P. Malebranche par le P. André*, publiée par le P. Ingold, p. 180-183. — *Mémoires du P. Le Long*, dans les *Fragments
de philosophie moderne* de Victor Cousin. 5ᵉ édit., t. II, p. 487. —
Mémoires du P. Adry, la *Vie privée du P. Malebranche*, publiée
par le P. Ingold à la suite de l'ouvrage d'André, p. 405 et suivantes.

2. *Méditations chrétiennes*, XII, 10.

3. *Traité de Morale*, I, v, 9 et 10.

4. Adry, *loc. cit.*

trouvé un coin tranquille et frais. Il va examiner les ouvrages de Dieu, étudier les animaux, les plantes, les insectes [1]. Que de beauté! que de magnificence sur la tête d'une simple mouche [2]! Ces ajustements, ces aigrettes, ces couronnes, et surtout ces proportions si justes et tant de ressorts délicats ramassés en un si petit espace et faisant leur office avec une si exacte perfection : c'est un merveilleux spectacle. Ces petits animaux, ces atomes vivants [3], « le commun des hommes les méprise. Mais il se trouve des gens qui les considèrent. Apparemment, les anges même les admirent [4] ». Et notre méditatif prend un de ces insectes, dont il ne sait pas le nom et qui peut-être n'en a pas. Il regarde avec attention, avec complaisance, avec respect. Puis il se met à lire un livre qu'il a sur lui. C'est la lettre de M. de Leuwenhoeck à M. Wren. Il s'arrête, étonné. Il a lu « qu'il y a dans le monde un nombre infini d'insectes pour le moins un million de fois plus petits que celui qu'il vient de considérer, cinquante mille fois plus petits qu'un grain de sable [5] ». Un jour, quand retiré dans sa chambre il essayera de décrire ce qu'il nomme « les démarches majestueuses [6] » de la Providence, ce qu'il a vu sous l'arbre reviendra, non pas le distraire, mais l'aider dans son effort pour exprimer d'une ma-

1. Lettre de Malebranche, citée plus haut.
2. *Recherche de la Vérité*, I, vi, 2.
3. *Entret. métaph.*, X, 2,
4. *Entret. métaph.*, XI, 12.
5. *Entret. métaph.*, X, 2.
6. *Entret. métaph.*, X, 1.

nière nette les vérités abstraites. Il les rend toujours le plus sensibles qu'il peut, car il faut bien soutenir l'attention. Mais il appréhende les trop vives images, elles troublent l'esprit ; les trop grands spectacles, ils l'abattent et le prosternent ; et alors le sensible, au lieu de mener à l'intelligible, en détourne. Avec les insectes, il n'y a rien à craindre [1]. L'esprit se repose à les contempler, et en se délassant il s'instruit encore ; et le souvenir de ces contemplations paisibles se retrouve dans les écrits du philosophe pour procurer à ceux qui méditeront à sa suite un secours semblable et une semblable jouissance. Les *Entretiens sur la métaphysique et la religion*, écrits en 1687, publiés en 1688, ont été composés à Raroy. La page du dixième entretien, que nous venons de relire ensemble, appartient à Juilly, n'est-ce pas, Messieurs, vous n'en doutez point, et, après deux cents ans, elle apporte au lecteur un souffle qui vient d'ici et comme une discrète et saine odeur de prairies et de bois. Ne pourrait-on pas l'inscrire au pied de ce marronnier superbe :

Ce marronnier géant que planta Malebranche,

et qui aujourd'hui

Offre aux fronts de quinze ans sous son orbe abrités
La robuste verdeur de ses deux cents étés [2] ?

Mon Dieu ! Messieurs, que Juilly est heureux ! Juilly a la bonne fortune d'avoir un passé, et Juilly a le bon

1. *Entr. mét.*, X ; *Rech de la. Vér.*, I., VI,
2. Vers du R. P. Largent, lus à un banquet à Juilly.

sens et le bon goût d'y tenir, de s'en faire honneur.
Cela devient rare. Tout ce qui a marqué dans cette
Maison, maîtres ou élèves, amis ou hôtes illustres, y
retrouve l'hommage des générations nouvelles. Vous
voulez réunir ici vos meilleurs et vos plus grands
devanciers, leur faire fête, et les fixer parmi vous à
jamais. Vous pensez que le commerce de ces nobles
morts est vivifiant ; et grâce au nouvel Oratoire, à ses
chefs éminents, au Supérieur si habile, si distingué
et si aimé de ce collège[1], et à ses collaborateurs,
grâce au jeune et infatigable érudit que l'on pourrait
appeler le surintendant de vos gloires[2], une galerie
se forme, vraie galerie de souverains. Parmi ceux
qui ont foulé le sol de Juilly, beaucoup ont été rois,
rois dans l'ordre de l'esprit : ceux-là, vous voulez
qu'ils demeurent au milieu de vous, et pour cela
vous demandez à l'art de reproduire leurs traits, et
le jour où une image de plus vient s'offrir à vos re-
gards, vous voulez qu'une parole sincère vienne à
l'aide de l'histoire interpréter le muet langage du
marbre. C'est moi qui ai été choisi pour vous parler
de Malebranche, je me trompe, pour le faire parler.
Permettez-moi de vous dire, Messieurs, d'abord pourquoi j'ai accepté, et ensuite ce qui m'embarrasse.

Le commerce intime que j'ai eu avec Malebranche
autrefois, — vous venez de le rappeler, Monsieur le
Président, avec une trop affectueuse indulgence et
en des termes qui me confondent, — a paru à M. le

1. Le R. P. Olivier.
2. Le R. P. Ingol

Supérieur un titre qui me désignait à l'honneur d'être
où je suis en ce moment, à côté du philosophe, membre de l'Université comme moi, et comme moi ami
de l'Oratoire, qui a si bien raconté la vie de Bérulle
et si bien parlé de la philosophie de Bossuet. Je ne
rappelle parmi ses écrits que ceux qui ont quelque
rapport avec Juilly[1]. Pour moi, c'est la reconnais-
sance qui m'a décidé à ne point me dérober à cet
honneur. Je dois tant à Malebranche que je me serais
reproché même une minute d'hésitation. Après je me
suis dit que beaucoup d'autres eussent mieux rempli cette tâche, mais la gratitude m'avait fait un devoir
de l'accepter. Depuis le jour déjà lointain où un de
mes maîtres, dont je me plais à prononcer le nom
respecté et aimé, M. Charles Lévêque, m'a invité à
une étude particulière de Malebranche, Malebranche
ne m'a fait que du bien. Songez, Messieurs, à ce qu'il
y a d'excellent pour un jeune esprit dans une respec-
tueuse familiarité avec un auteur, avec un homme de
cet ordre. Et puis c'est lui qui m'a comme donné le
droit de cité dans la république des philosophes.
C'est avec sa recommandation, et comment dirai-je ?
grâce à quelque rejaillissement de l'éclat de son nom,
que je suis entré dans le haut enseignement. Je puis
bien dire qu'il m'a introduit à l'Ecole normale, à cette
école que j'aime tant, puisque, avant d'y entrer, je ne
m'étais encore occupé que de lui. Je lui dois d'autres

1. M. Nourrisson, membre de l'Institut, professeur au Collège
de France, président de cette séance d'inauguration du buste de
Malebranche.

honneurs et d'autres joies. C'est lui qui m'a conduit
à l'Oratoire.

Il faut que je vous conte cela. Je venais chercher quelques documents, je venais demander
des nouvelles de cette *Vie de Malebranche* par le P.
André que le P. Ingold a découverte depuis et don-
née au public. J'ai trouvé, au lieu de papiers relatifs
à Malebranche, la vivante tradition des vertus dont il
avait autrefois donné l'exemple ; j'ai trouvé des hommes à la fois antiques et nouveaux, ouverts à toutes les
saines curiosités, accessibles à toutes les belles pas-
sions, attentifs à tous les vrais besoins de ce temps, et
avec cela simples, modestes, laborieux, pieux comme
au temps de Malebranche. Cette petite maison de la
rue du Regard faisait revivre sous mes yeux l'Oratoire de la rue Saint-Honoré. J'y eus bientôt des amis.
Parmi ceux qui sont partis de ce monde, je veux nommer le vénérable, l'excellent Père de Valroger. Je le
vois encore avec cette politesse d'autrefois, avec cette
physionomie franche, avec cette bonté si simple et si
vraie, venant à moi un livre à la main : il voulait que
pendant quelques heures au moins j'eusse en ma pos-
session une relique de Malebranche, ce Nouveau Testament grec qui ne le quittait jamais. Quelle gracieuse
attention ! J'ai donc tenu entre mes mains le précieux
livre, j'ai lu les pages où une trace laissée par les
doigts de l'illustre lecteur semblait marquer une pré-
férence. Et quand j'ai remis au Père de Valroger le
dépôt qu'il m'avait confié, j'avais un ami de plus :
entre lui et moi s'était formée une de ces « amitiés

raisonnables et chrétiennes » que Malebranche a connues et dont il a si bien parlé[1]. La mort seule du Révérend Père y devait mettre fin.

Je ne nommerai point les vivants, mais je me félicite trop de les connaître personnellement, grâce à Malebranche, pour ne point les saluer en le remerciant. Sans lui, j'aurais goûté en des livres et en des discours l'heureuse justesse d'esprit de celui-ci, la fine délicatesse de celui-là. Grâce à lui, j'ai fait l'expérience de l'une et de l'autre. Là, j'ai vu de près, dans une robuste vertu et dans une intelligence droite, cette façon saine de penser, de sentir, d'être, qui commence à se faire si rare; et j'y ai trouvé jointe une cordiale bonté dont ni livres, ni conférences n'eussent réussi à me donner la parfaite idée[2]. Ici j'ai savouré la grâce exquise d'un esprit souple, varié, théologien, prédicateur, écrivain, touché du souffle poétique, Juilly en sait quelque chose, hôte et ami, peut-on dire, des meilleurs auteurs du grand siècle, et visiteur charmé des meilleurs de ce temps-ci : j'ai admiré dans sa vive conversation la surprenante fidélité d'une ample et alerte mémoire qui jette en un court espace tant de choses et d'idées; et à son regard, à l'étreinte de sa main, j'ai compris, j'ai senti que la ténacité de ses souvenirs n'est que l'effet de la ténacité de ses amitiés[3].

1. *Lettres de Malebranche à André*, novembre 1707 et 2 janvier 1708. *Convers. chrét.* : *Entr. sur la mort*, et *Traité de morale*, II, XIII, 11-12.
2. Le R. P. Lescœur.
3. Le R. P. Largent.

Sans Malebranche encore, j'aurais vu de loin, en-
tendu de loin le successeur de Bérulle et de Condren [1], l'héritier de Massillon, héritier plus grand
que l'ancêtre [2]. Grâce à Malebranche, je donne, avec
tout le respect possible et avec toute la tendresse
possible, le nom d'ami et au saint vieillard et au
grand évêque. C'est de près que je jouis, laissez-moi
employer ce mot, des trésors de la nature et de la
grâce en des hommes où je trouve réunis, avec des
caractères d'ailleurs différents, la droiture, l'autorité, le calme, la bonté, la politesse noble et enjouée,
tout cela à la façon du vieil Oratoire, et avec cela
l'intelligence du temps présent et l'ardeur militante
et sagement intrépide pour résister au mal et le
vaincre par le bien, dans le bien. *Noli vinci a malo,
vince in bono malum.*

Je vous ferais injure, Messieurs, si je vous deman-
dais pardon d'une apparente digression. Aussi bien
j'ai appris de Malebranche lui-même que, s'il faut se
faire un ordre pour se conduire, il est permis néan-
moins de tourner la tête lorsque l'on marche, si l'on
trouve quelque chose qui mérite d'être considéré [3].
Volontiers je tournerais encore la tête, et continuant
la liste des obligations que j'ai à Malebranche, je me
plairais à vous conter toutes les relations nouées

1. Le T. R. P. Petetot, supérieur général, pendant plus de
trente ans, de l'Oratoire de France rétabli par lui, aujourd'hui
supérieur général honoraire.

2. Mgr Perraud, évêque d'Autun, membre de l'Académie française.

3. *Rech. de la Vér.*, IV, XIII, 2.

entre les Oratoriens et moi ; je vous dirais mes rapports avec l'école Massillon, et avec son éminent et très aimable Supérieur, en qui nous saluons maintenant le vicaire général de l'Oratoire [1] et que nous sommes heureux de voir ici à la droite du président de cette séance ; je rappellerais une première visite à Juilly, il y a treize ans, dans des circonstances qui m'en rendent le souvenir particulièrement doux [2], et je reviendrais à la fête présente en me réjouissant d'avoir gagné ces jours-ci deux nouvelles et précieuses amitiés [3]. Voir les Pères de l'Oratoire, causer avec eux, c'est devenir leur ami... Mais je m'arrête, car si tout ceci se répandant en mon discours venait à le remplir, il se trouverait qu'à force de rendre grâces à Malebranche des biens que je lui dois, le temps me manquerait pour lui rendre l'hommage que je suis chargé de lui présenter.

Mais non, Messieurs, je ne perds pas de vue mon sujet. Le meilleur moyen d'honorer celui dont nous contemplons le buste, c'est de traduire ce que ce beau marbre dit à sa manière, et le P. Malebranche, revenant ici parmi vous en juillet 1887, doit, tout en se montrant à vous tel qu'il était en 1687, vous faire entendre une parole qui soit pour vous, jeunes hommes de ce temps, une lumière et une force. Si

1. Le R. P. Nouvelle.

2. M. Saint-René Taillandier, de l'Académie française, présidait en 1874 la distribution des prix du collège de Juilly.

3. Le R. P. Olivier, supérieur du collège, et le R. P. Thédenat, ancien supérieur.

j'ai commencé à vous le montrer dans son vrai caractère, je vous ai préparés à le mieux écouter. Si ensuite je vous ai fait comme saisir et toucher la perpétuité d'un même esprit dans l'Oratoire depuis deux siècles, c'est encore vous disposer à ne pas considérer l'illustre mort, objet de cette fête, comme un revenant, comme un fantôme, glorieux sans doute, mais sans rapport réel avec vous. On le défigure si on le confine dans son temps et dans son système. Les très grands esprits ont une merveilleuse façon de se survivre, le don de s'étendre à des temps qu'ils n'ont pas connus, qu'ils n'ont pas prévus. Malebranche est de ceux-là, et en faisant paraître autour du grand Oratorien du dix-septième siècle ses confrères du dix-neuvième, je n'ai point failli à ma tâche : c'est bien son éloge que je fais depuis le commencement.

Mais voici, Messieurs, ce qui m'embarrasse. Faire l'éloge de Malebranche, c'est lui déplaire. Cette image, qui le rend présent ici, m'invite à me taire tout en m'invitant à parler. Le voilà, avec ce grand air noble, simple, fier, avec le regard légèrement incliné non vers la terre, mais vers cet intérieur de l'homme où la méditation trouve un monde, le monde intelligible, et Dieu. Sa lèvre fine a bien des fois ébauché des sourires dont la grâce piquante eût été presque cruelle si la charité ne les eût tempérés : les satires que nous admirons dans la *Recherche de la Vérité* en témoignent assez. Il me semble que ce buste va s'animer, et que Malebranche nous prenant

en pitié, vous et moi, Messieurs, des reproches comme
ceux-ci vont tomber de cette bouche :

« A quoi perdez-vous votre temps et votre esprit? Il
ne faut pas tant s'occuper d'une créature. Vous aviez
mon image, par une ruse de mes amis. Un jour que
je croyais avoir affaire à un mathématicien, je ne vis
pas que pendant qu'il me proposait des difficultés et
qu'il écoutait mes réponses, il attrapait mon air par
surprise. J'avais remarqué seulement que personne
ne m'avait envisagé de la sorte. On me supplia de lui
accorder, non pas deux séances, mais deux entrevues
pour corriger son premier travail. J'eus la complaisance d'y consentir. Une autre fois, deux ans avant
ma mort, cédant aux sollicitations d'un ami, je me
laissai tirer par Santerre[1]. Vous avez ce portrait.
N'est-ce donc pas assez? N'est-ce pas trop? Laissez
un artiste de talent[2] faire du don de Dieu un plus
utile emploi. Et vous, Monsieur, — ceci est pour moi
— ne fouillez ni mes livres ni les mémoires de mes
amis pour y chercher la forme et le tour de mon esprit. Qu'importe tout cela? Les histoires sont rem-
plies de curiosités vaines. Mieux vaut consulter, à
mon exemple, et, si vous le voulez, avec mon aide,
la souveraine raison que de perdre le temps à se ren-

1. Voir Cousin, *Fragments de Philos. mod.*, t. II, 5ᵉ édit.,
p. 486-487. (Note du P. Le Long aux *Remarques sur la vie du R. P.
Malbranche*, recueillies par le conseiller Chauvin et le P. Ingold,
Vie du P. Malbranche, p. 413-415.

2. M. Debrie, auteur de la statue de Malebranche qui orne le
nouvel Hôtel de ville de Paris, et du buste inauguré aujourd'hui
à Juilly.

seigner sur les détails de ma vie. Croyez-le, c'est dé-
tourner à des choses futiles le temps et l'esprit que
Dieu donne pour de plus grands usages. »

Je l'avoue, Messieurs, ce discours me fait peur, et
plus que le discours, l'air, le regard, le sourire. J'essaye cependant de reprendre mes esprits, et je ré-
ponds respectueusement :

Pardon, mon Père. Vous avez paru condamner
bien des choses comme inutiles, que vous n'avez point
condamnées en effet, parce que vous n'avez point
dans vos principes de quoi les condamner. Que vous
redoutiez la faiblesse humaine et les écueils de la
vanité, à la bonne heure; mais pour vous-même vous
n'avez plus rien à appréhender de ce côté-là. Que
vous mettiez les hommes en garde contre les excès
d'une érudition indiscrète, fort bien encore; et avec
quel plaisir ne relisons-nous pas telle page, où
vous raillez avec une si heureuse verve ces éru-
dits qui connaissent la généalogie des rois d'Assyrie
et toutes les rues de la vieille Rome, et qui ignorent
le nom du prince qui gouverne leur pays et ne savent
pas se conduire dans les rues de la ville qu'ils habitent ! Mais, à prendre les choses dans leur idée, vous
ne pouvez trouver mauvais que l'art s'applique à reproduire vos traits ni que l'histoire essaye de connaître votre esprit et votre âme. Je vais vous le prou-
ver par vos principes.

Vous avez compris ce qu'est l'art quand vous avez
dit que le sensible doit servir à représenter l'intelligible, et vous-même en écrivant vous avez cherché,

vous avez demandé au Maître des esprits des expressions non seulement « claires et véritables » mais « vives et animées » où resplendit quelque chose de cette souveraine beauté de l'ordre qui pénètre et gagne les cœurs[1]. D'autre part, vous n'avez pas dédaigné de considérer les détails de l'organisation d'un moucheron. Vous en avez contemplé avec plaisir, nous le rappelions tout à l'heure, et les ornements extérieurs et les secrets ressorts. Un esprit vaut mieux qu'un insecte, mon Père : un esprit vaut tout un monde, un esprit vaut mieux qu'un monde. Vous le savez. Si donc l'art travaille à rendre visible un esprit, il fera bien; et si l'histoire cherche à suivre les démarches d'un esprit dans ces mille détails où le vulgaire ne sait voir qu'une suite d'anecdotes, et si elle tâche de saisir le principe qui donne le branle à tout, sans doute aussi elle fera bien. C'est l'œuvre de Dieu encore que nous admirerons et dans ce portrait et dans ce discours; et, s'il est vrai, comme vous l'avez dit vous-même, que les causes libres font plus d'honneur à Dieu que les causes nécessaires, quand, vous connaissant mieux, nous verrons de nos yeux, pour ainsi parler, un esprit tel qu'il n'y en a pas beaucoup et une âme d'une beauté singulière, alors il n'y aura point à nous reprocher de nous attacher trop à une créature : ce beau spectacle nous conduira droit au Créateur.

Apparaissez donc, austère et doux méditatif, appa-

---

1. *Médit. chrét.* Prière.

raissez, reproduit une fois de plus par un habile artiste, et laissez-moi faire parler ce marbre. Le sculpteur a essayé, et j'essaye de vous rendre tel que vous étiez, avec votre caractère propre, avec les traits particuliers de votre visage, de votre esprit, de votre âme. Nous avons le souci d'être exacts, mais ce n'est pas pour nous complaire dans un détail qui nous amuse. Les grands hommes, en entrant dans un panthéon comme celui-ci, se dépouillent de ce qu'ils ont pu avoir de petit, d'étroit, de mesquin. C'est le meilleur d'eux-mêmes qui subsiste, et c'est aussi le plus vrai et l'essentiel. Ainsi, en se montrant plus que jamais, mieux que jamais eux-mêmes, ils s'accommodent pourtant à nous, hommes d'un autre siècle, car l'excellent n'a point d'âge. Laissez-nous donc vous contempler dans le doux et paisible éclat de votre noble nature encore ennoblie par la grâce du Christ, vraiment « honnête homme » au sens du dix-septième siècle et au nôtre, grand chrétien, et puis prenez la parole dans cette Académie qui porte votre nom et dont vous êtes comme le président d'honneur perpétuel. Vous qui avez initié aux secrets des sciences Prestet et Carré, devenus, grâce à vous, prêtres de l'Oratoire et savants distingués[1]; vous qui avez bien voulu vous mêler quelquefois des études du jeune Saint-Simon, c'est son témoignage, et qui lui avez laissé un impérissable souvenir par « votre rare simplicité » et votre « piété solide »

1. Fontenelle, *Éloge de Carré.* — Mairan, *Éloge de l'abbé de Molières.*

unies à une « si grande science[1] », vous qui n'avez
été ni un philosophe maussade et refrogné, ni un
visionnaire, ni un illuminé, comme on a pu le croire,
mais qui avez eu « une bonté accommodante », le mot
est d'un de vos amis, et un autre vous nomme
« philosophe bon cœur[2] » ; vous enfin qui, à cette
naturelle et parfaite bienveillance, avez joint un bon
sens si ferme et parfois si aiguisé, instruisez-nous
en nous parlant sans rien qui sente le système, mais
bien selon vos principes. Fontenelle a dit de vous
que « jamais philosophe n'a eu des disciples plus
persuadés ». Nous ne demandons qu'à être gagnés
par vous à la vérité et au bien.

On n'est pas assez fier de la qualité d'être raisonnable. Beaucoup de gens renoncent à la raison. On
prend pour règle la passion, la mode, l'opinion, ou
plutôt l'on n'a point de règle ; on ne veut point de
maître. C'est une folie : l'homme aura toujours des
maîtres. Cet esprit prétendu libre, qui a secoué tous
les jougs, est assujetti sans le savoir à une formule
en faveur autour de lui, et deux ou trois mots, qu'il
ne comprend pas bien, exercent sur lui un étrange
et absolu empire. Consultez, écoutez, suivez la raison. Elle vous affranchira de ces servitudes parce
qu'elle vous tiendra dans une heureuse dépendance
à l'égard de celui-là seul qui a le droit de comman-

1. *Mémoires de Saint-Simon*, éd. de M. Chéruel, in-12, t. XI,
p. 148.
2. *Journal des Savants*, 1715, et *Lettres d'André à Malebranche
et au P. Le Long*.

der à un esprit. La vérité n'est pas ce que chacun
conçoit, imagine ou désire. La vérité est indépen-
dante de nous. Notre pensée ne la fait pas : elle la
suppose. Et la vérité, notre lumière et notre loi,
qu'est-ce donc enfin sinon ce que Dieu pense et ce
que Dieu est? De sorte que c'est Dieu même qui
nous parle dans notre raison, et c'est Dieu qui est
notre véritable, notre unique Maître.

Messieurs, c'est à peu près Malebranche que nous
venons d'entendre ; et si l'on peut appliquer au siècle
présent bien plus justement qu'au dix-septième ce
mot profond de Fénelon, que « nous manquons encore plus sur la terre de raison que de religion »,
combien ne sont-elles pas opportunes les leçons que
nous donne notre philosophe ! Non, nous ne savons
pas ce que vaut la raison. Malebranche disait : « Tout
le monde se pique de raison et tout le monde y
renonce[1]. » Aujourd'hui il se trouve des gens qui
se piquent de renoncer à la raison. Étrange progrès.
Le siècle commençant a mis en la raison toute sa
confiance, le siècle finissant la lui retire toute. Les
puissances qu'il révère, ses idoles, c'est la science,
c'est la critique. Rationaliste, il l'est encore, en face
de la religion ; mais raisonnable, mais respectueux
de la raison, mais juste appréciateur de la force de
la raison en même temps que soumis à ses arrêts, il
ne l'est pas. Que Malebranche nous apprenne à rendre à la raison l'honneur qui lui est dû. Un philoso-

1. *Traité de morale*, I, II, 13.

phe qui a été dans le nouvel Oratoire comme un autre Malebranche, le P. Gratry, disait il y a déjà plus de trente ans : « Il faut rétablir dans les esprits la connaissance et le respect de la raison et de ses lois. » Et encore : « Il faut rétablir parmi nous l'éducation sérieuse de la raison[1]. » Et il se plaisait à montrer, dans son beau livre de la *Connaissance de Dieu*, Platon et Aristote, saint Augustin, saint Anselme et saint Thomas d'Aquin, puis Descartes, Pascal, Malebranche, Fénelon, Petau et Thomassin, Bossuet, Leibniz, tous d'accord, anciens et modernes, philosophes et théologiens, pour reconnaître à la raison, avec des limites et des faiblesses qu'il ne faut jamais oublier, une naturelle puissance, venant de Dieu. Marquant la place de Malebranche dans ce concert, il disait : « Nul homme, autant que lui, n'a montré Dieu présent dans la raison[2]. » Instruits aujourd'hui et animés par Malebranche, prenons la résolution de restaurer dans nos esprits le règne de la raison. La liberté est à ce prix, et la lumière, la lumière dont Malebranche encore disait : « Rien n'est plus sûr. »

Alors nous saurons que tout le monde n'est pas tenu d'être savant, mais que tout le monde est tenu d'être homme de bon jugement. Chacun a donc le devoir de perfectionner son esprit. Et puis, pour ceux qui sont capables de connaissances plus hautes et plus profondes, c'est un devoir d'y prétendre.

1. *Connaissance de Dieu*, Introduction, V.
2. *Connaissance de Dieu*, 1re part., ch. VII.

Notre qualité d'êtres raisonnables nous donne le désir de comprendre les choses, et par le travail de la science nous y parvenons quelquefois. Cette satisfaction et le labeur qui la procure sont conformes, l'une à notre nature en sa primitive pureté, l'autre à notre condition actuelle. Tenons donc les sciences en grand honneur, et employons-nous à les faire avancer, si nous en avons la force. Mais sachons mettre entre les sciences un ordre, et souvenons-nous que l'essentiel c'est d'être homme.

Quoi que l'on fasse, il faut tenir son esprit au-dessus de son ouvrage, comme disait le père de Pascal. Les sciences sont excellentes, plus excellent est l'esprit. La raison veut que par les sciences l'homme étende ses lumières et ses conquêtes. Elle lui interdit d'oublier jamais sa dignité, ses destinées, ses devoirs. Fait pour la vérité et le bien, fait pour Dieu, il n'a pas le droit de traiter son esprit comme un outil, et si l'étude même devient un métier qui le prend jusqu'à lui faire perdre le sentiment de sa nature et la vue de sa fin, mauvaise est l'étude : l'ordre est violé, et ce n'est jamais impunément.

C'est encore pour obéir à la raison que nous nous appliquerons à ne point charger notre mémoire, ni surtout celle des enfants, de mille faits peu utiles. « L'âme se grossit et s'étend par la multitude des faits dont on a la tête pleine. » Vous entendez ici les paroles mêmes de Malebranche. Prenons garde, « l'esprit, — c'est toujours Malebranche qui parle, —

l'esprit n'est guère alors rempli que de vide, ou de choses assez inutiles ; et il s'imagine avoir autant d'étendue, de durée, de réalité que les objets de sa science. Il se répand dans toutes les parties du monde ; il remonte jusqu'aux siècles passés ; or, au lieu de penser à ce qu'il est lui-même, et dans le temps présent, et à ce qu'il sera dans l'éternité, il s'oublie, et son propre pays, pour se perdre dans un monde imaginaire, dans des histoires composées de réalités qui ne sont plus et de chimères qui ne furent jamais[1]. »

Est-ce donc « qu'il faille mépriser l'histoire ? Non pas. Mais c'est qu'il faut étudier les sciences dans leur rang [2]. » C'est un noble privilège de l'homme de pouvoir retourner en arrière, ressaisir le passé qui ne fut jamais pour lui, le ressusciter, se le rendre présent et s'y rendre présent lui-même. On sait, à l'Oratoire, ce que vaut cette science et ce que vaut cet art, et le P. Lecointe, le P. Le Long, le P. Morin, ont ici des successeurs. Je les vois, je les salue avec vous, Messieurs. Comme les doctes et aimables confrères du P. Malebranche, ils ont essuyé le feu de ses railleries ; mais, comme eux aussi, ils sont incapables de lui en vouloir. N'est-ce pas l'un d'eux, membre de la Société des Antiquaires de France, épigraphiste consommé, en même temps qu'esprit fin et charmant [3], qui est venu, avec votre Supérieur,

1. *Traité de morale*, II, x, 13.
2. *Traité de morale*, II, x, 14.
3. Le R. P. Thédenat.

me convier à cette fête et me demander cet éloge ?
Vous avez raison, mes Pères, de ne point garder ran-
cune à Malebranche. Il a dit : Il ne faut pas mépriser l'histoire. Je me figure que, témoin aujourd'hui
de merveilles dont il ne se doutait pas, il admirerait
comme vous, comme nous, l'homme prenant posses-
sion de tous les temps, ce qui convient bien à un
être immortel : car c'est sans doute un effet et comme
une imitation de cette immortalité foncière de l'âme
humaine que la puissance qu'a l'homme, en préparant
l'avenir par les générations nouvelles qu'il introduit
dans le monde et par les idées qu'il y jette, de ré-
parer le passé par l'histoire, en sorte que tout se
ramasse dans le raccourci de la pensée. Malebranche,
ce me semble, reconnaîtrait ce qu'il y a là de grand,
et il dirait avec une force nouvelle : Il ne faut pas
mépriser l'histoire. Mais il continuerait aussi de
dire : Il faut étudier les sciences en leur rang, et il
aurait raison.

Enfin, notre qualité d'êtres raisonnables se retrouve jusque dans la foi. Dans les sciences, on se
rend à l'évidence ; dans l'ordre de la foi, on se rend
à l'autorité, et à une autorité infaillible, ce qui est
souverainement raisonnable. Et puis l'on s'applique
à « répandre sur les vérités de la foi cette lumière
qui sert à rassurer l'esprit et à le mettre bien d'accord avec le cœur ». On ne renonce pas à la raison
pour être chrétien, on lui obéit encore en obéissant
à l'autorité de l'Église : et n'est-ce pas le même
Maître qui parle dans la raison et dans l'Église ? La

Sagesse éternelle, le Verbe incarné, voilà notre Maître. Mais « on ne prend pas les opinions de quelques docteurs, de quelques communautés et même d'une nation entière, pour des vérités certaines ». Et, d'autre part, à l'égard des sentiments des philosophes, « on ne s'y rend jamais entièrement que lorsque l'évidence y oblige et y force ». Ainsi l'on conserve partout « la qualité de raisonnables », l'on assure la parfaite liberté de l'esprit, et l'on rend sans cesse honneur et obéissance au seul Maître qui ait autorité sur l'homme, Dieu [1].

Nous avons écouté, Messieurs, Malebranche devenu présent parmi nous ; et, nous conformant à un conseil bien souvent répété par lui, nous avons médité les leçons de la raison pour nous les appliquer. Il ne blâmerait plus, n'est-ce pas, ni l'artiste qui a si heureusement reproduit sa ferme et fine figure, ni l'humble admirateur de son génie qui a essayé de traduire ce que sa présence ici doit nous dire. Saluons-le dans cette salle où il est en si noble compagnie. Bérulle et Bossuet, Villars et Berwick, le chancelier Pasquier et Berryer : vos commencements, Messieurs, et votre progrès ; votre fondateur et le plus glorieux de vos hôtes ; et puis vos élèves, de grands capitaines, et des hommes non moins vaillants qui ont lutté par la parole : les voilà faisant fête à Malebranche, et tous applaudissent avec vous cette parole qui est de lui :

1. *Entret. métaph.*, XIV, 13.

« Il faut être homme, Chrétien, Français, avant d'être grammairien, poëte, historien, étranger [1]. »

C'est bien là ce que ce buste vous redira toujours, et n'était-ce pas déjà comme la devise de cette Maison?

1. *Traité de morale*, II, x, 14.

III

RAPPORT DE ERNEST FUCHS

PRÉSIDENT DE L'ACADÉMIE

Monsieur le Président.

L'Académie Malebranche, héritière de l'ancienne Académie royale de Juilly et de la Conférence des Hautes-Études, ne fait que d'achever sa deuxième année d'existence. Au moment de clore ses travaux et de donner congé à ses membres jusqu'à la prochaine rentrée, elle a pris l'habitude de faire son examen de conscience et sa confession annuelle. Une revue rapide des précieux encouragements qu'elle a reçus et qu'elle reçoit encore aujourd'hui, la constatation des progrès accomplis, l'aveu sincère de ses défaillances, lui seront un enseignement et une force pour l'avenir. Trop heureuse, Monsieur le Président, si, après lui avoir fait l'honneur d'entendre ses confidences, vous voulez bien lui accorder l'indulgence dont elle a besoin et l'inviter à jouir de ses vacances sans trop de remords.

Si nos efforts avaient égalé les secours qui nous ont été prodigués, avouons-le, nous aurions fait merveille. C'est à chaque pas qu'une main amie prenait la nôtre pour nous soutenir et nous guider; c'est à chaque instant qu'une parole chaleureuse et vibrante venait enflammer nos jeunes cœurs et nous souffler l'enthousiasme.

Au commencement de l'année, c'était M. de Fourtou, ancien ministre, qui nous faisait l'honneur de présider notre séance d'ouverture. Avec quel accent éloquent et pénétrant il nous excitait au travail personnel, à cette activité féconde de l'esprit qui développe et mûrit par la réflexion intime et l'étude, les enseignements reçus, qui prépare des hommes d'initiative, des hommes de pensée et d'action. Le même jour M. de la Brière, lauréat de l'Académie française, nous charmait par une conférence spirituellement familière sur Mme de Sévigné.

Plus tard M. Le Bidois, professeur de rhétorique, nous intéressait vivement par l'émouvant récit des horreurs du tribunal révolutionnaire, et M. Guasco, avocat et secrétaire général de la Propagation de la foi, dans une comparaison originale et instructive, rapprochait les épreuves judiciaires chez les anciens Germains et chez les peuplades actuelles de l'Afrique.

Le 6 mars fut un beau jour pour nous, car l'Académie Malebranche célébrait pour la première fois sa fête patronale. La séance solennelle fut particulièrement brillante. Nous étions fiers de saluer sur le fauteuil présidentiel M. l'amiral Dompierre d'Hornoy, et à ses côtés MM. de Parieu, de Fourtou, anciens ministres, le R. P. Nouvelle, vicaire général de l'Oratoire; MM. Édouard Barre, Labat, Calla, Hamel, Stourm, les RR. PP. Thédenat et Lallemand,

qui nous apportaient l'encouragement de leur présence, quelques-uns même de leur parole. « Courage,
nous dit le brave amiral, qui ne dédaignait pas de
commander notre petite phalange, après avoir com-
mandé les flottes françaises, courage ! travaillez ! travaillez ! et vous grandirez sous le drapeau de Dieu et
de la patrie ! »

Le R. P. Lallemand prenait ensuite la parole pour
nous exposer dans une conférence pleine de feu et
d'intérêt, d'aperçus nouveaux et de faits inconnus,
les méthodes d'enseignement en vigueur à l'Oratoire
au dix-septième siècle. M. Calla avec humour et
naturel évoquait les souvenirs de son enfance à
Juilly.

Ce fut notre dernière Séance publique avant les
vacances de Pâques. Dès la rentrée, le 12 mai, M. le
baron Pierre de Coubertin, « presque aussi jeune que
les élèves charmés qui l'écoutaient », nous expliquait
en quelques mots trop courts les modifications modernes de la carte d'Europe ; et enfin, le 26, M. l'abbé
Dumont, si justement nommé l'Apôtre de la jeunesse,
nous ouvrait des horizons aussi nouveaux qu'élevés
sur la philosophie

Aujourd'hui enfin, ce sont des maîtres illustres de
la pensée et de la parole qui viennent réchauffer
notre zèle et qui ne croient pas déroger en s'inté-
ressant à nos humbles travaux. Les élèves de l'Oratoire de Juilly sont particulièrement heureux et fiers,
Monsieur le Président, de saluer ici un membre de
de l'Institut et l'historien du cardinal de Bérulle, et

avec lui le disciple du P. Gratry, l'auteur de la *Philosophie de Malebranche*, dont la présence rappelle à Juilly un nom qui lui est cher et dont les lettres s'honorent, M. Saint-René Taillandier, de l'Académie française, enfin l'orateur éloquent qui a voué sa vie à la défense de toutes les nobles causes.

Voilà, Monsieur le Président, ce qu'on a fait pour nous !

Qu'avons-nous fait nous-mêmes ? Des études intéressantes et des travaux personnels ont été présentés à l'Académie par un certain nombre de ses membres:

Une étude sur le caractère de Cinna, par Henri Anger ;

Les Marins au Siège de Paris, par Albert Bourlier ;

Les dieux dans Homère et Virgile, par Alphonse Vinit ;

Bossuet prononçant une oraison funèbre devant la Cour, par Paul Batho ;

Les orateurs de la Révolution française, par Jules Larigaldie ;

Une étude sur les épopées françaises du moyen âge, par Adolphe Haquin ;

L'Alsace depuis 1870, par Ernest Fuchs.

Si quelques-uns, par un sentiment exagéré des difficultés, se sont dérobés, imitant « de Conrart le silence prudent », c'est pour acquitter généreusement leur dette dès la rentrée prochaine.

Voilà, Monsieur le Président, l'exposé rapide et sincère de notre état de conscience. Avec les précieux encouragements qu'elle reçoit aujourd'hui, l'Académie reprendra plus vaillamment ses travaux et marchera avec plus de courage dans la voie de ses devancières, l'Académie royale et la Conférence des Hautes-Études ; nous ne voulons point dégénérer.

———

M. Fernand Nicolaÿ, avocat à la Cour d'appel de Paris, a clos cette brillante séance par une chaleureuse allocution sur le Courage chrétien.